中国古代制度一览表

古代制度

ZhongGuo GuDai ZhiDu YiLanBiao

中国地图出版社 编著

U1051434

中国地图出版社

汉

西汉实行郡县制为实体、州刺史部为监察的体制，分全国为十三个州刺史部。东汉行政区划基本沿用了西汉。东汉末年，州由虚设的行政监察机构变为一级政区实体，开始出现州—郡—县的三级行政区划制度，表明中国的行政区划演进到一个新的阶段。

汉朝各项制度

皇帝

中央

三公

- **太尉**：管军事，为武官首长
- **丞相**：管行政，为文官首长；政府领袖，负政治上一切实际责任
  - 丞相府十三曹
    - 西曹：主府史署用
    - 东曹：主二千石长吏迁除，包括军吏在内
    - 户曹：主祭祀农桑，居户
    - 奏曹：管理政府一切章奏
    - 词曹：主词讼（法律民事）
    - 法曹：掌邮驿科程
    - 尉曹：主卒曹转运，管运输
    - 贼曹：管盗贼（法律刑事）
    - 决曹：主罪法（法律刑事）
    - 兵曹：管兵役、兵事
    - 金曹：管货币盐铁
    - 仓曹：管仓谷
    - 黄阁：主簿录众事，相当于丞相府秘书处总务主任
- **御史大夫**：掌监察，副丞相
  - **御史中丞**：御使大夫的副手，驻皇宫侍御史（宫中15个）
    - 尚衣、尚食、尚冠、尚席、尚浴：负责皇帝私人的衣服饮食起居
    - 尚书：管文书
  - **御史丞**
  - 全国分为十三个调查区，每区派一名刺史，平均每个刺史调查区域不能超过九个郡
  - **刺史**：中央特派员；官俸：六百石

九卿　官俸：中二千石，又称二千石

- **太常**：祭祀、教育（宗庙礼仪）
- **太仆**：掌车马，兼管武装（皇帝随从）
- **卫尉**：掌门卫屯兵（皇宫卫兵司令）
- **光禄勋**：侍卫郎官
- **廷尉**：司法
- **大鸿胪**：礼宾
- **宗正**：管皇族
- **大司农**：政府经济
- **少府**：皇宫经济

上计

时间：每年九月、十月

内容：地方行政成绩——灾荒、盗贼、民事、刑事、教育、经济、财政

中央任命

郡（全国有100多个郡，1郡辖10~20个县）

- **都尉**：地方军事首领
- **太守**：地方行政长官；官俸：二千石

县（全国有1100~1400个县）

- **县尉**：地方军事首领
- **县令**：万户以上；**县长**：万户以下；地方行政长官

基层自治（主要依靠乡官和宗族自治）

- **三老**：掌教化
- **有秩/啬夫**：掌听讼收税等
- **游徼**：乡里的治安

赋税制度

- **田租税**：十五税一，什一之税，三十税一
- **人口税**：全民交税
- **商税**：山林池泽租税、盐铁税、市税

选举制度

- **太学**
  - 毕业后：甲科——郎；乙科——吏
  - 属于光禄勋下面的侍卫。凡做二千石官的，他们的子侄后辈，都得照例请求，送进皇宫当侍卫
  - 回本乡地方政府当吏职，由地方长官任命，称辟署
- **选举（乡举里选）**
  - **无定期选举**：新帝继位、大荒年、大水灾、大瘟疫，地方推举有特殊才能的人，这样选举来的人，多半称为贤良；之后政府策问，贤良对策，政府挑选任用
  - **特殊选举**：下诏征求，如征召出使西域、治理黄河的人才，可自己报选
  - **定期选举**：汉代有诏令地方察举孝子廉吏的规定，由分区察举，演进到按户口数比例分配（满20万户可察举1孝廉），此制到汉武帝时期形成定制。自汉武帝后，汉代做官的人逐渐变成读书人出身

兵役制度

全国皆兵制

各地方根据地理形势分别训练各个兵种

- **原地方服“兵役”**：车骑——骑兵和车兵；楼船——水师和海军；材官——步兵。秋季集合操演一次，名为都试，为期一月
- **到中央做“卫兵”**（中央军队）：南军——皇宫卫队；北军——首都卫戍部队。费用由中央供给
- **到边郡做“戍卒”**：费用——自理；时间——三天（不去则交三百钱）
- **更卒（为国家做义工）**：每人每年一个月（不去则交两百钱）

金、南宋时期全图（1142年）

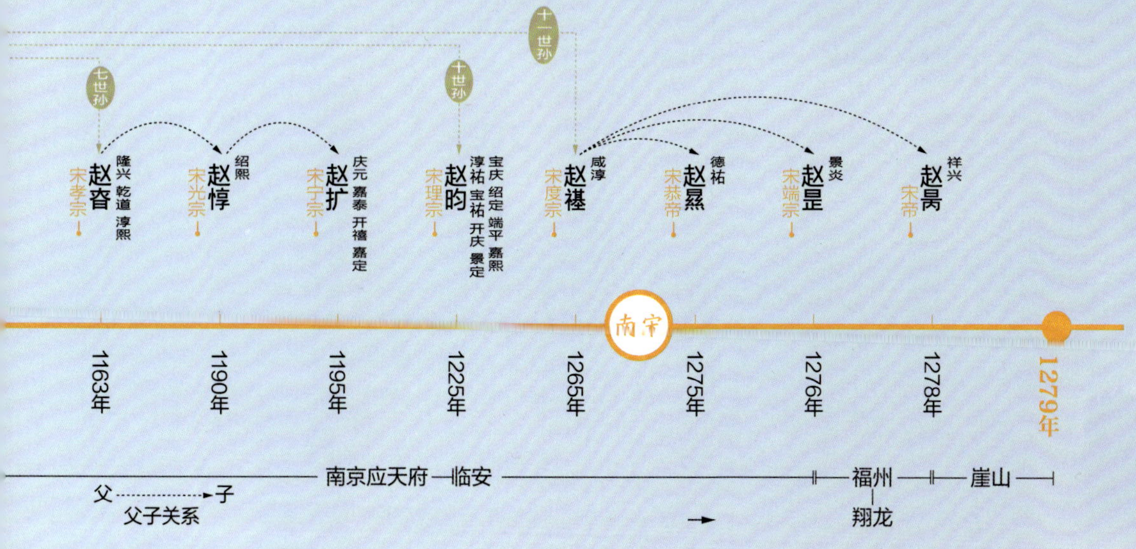

宋朝各项制度

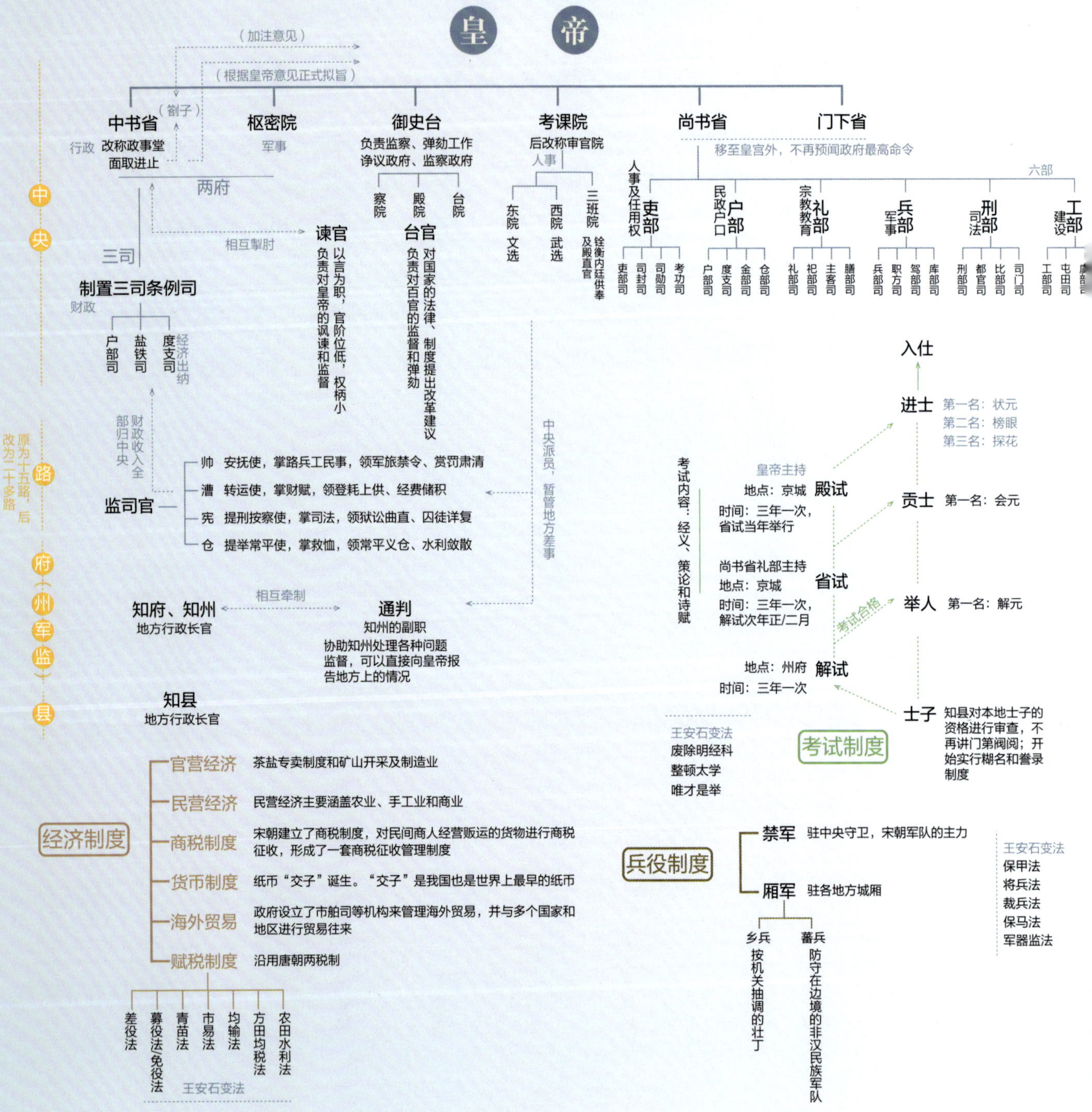

皇帝
（加注意见）
（根据皇帝意见正式拟旨）
（劄子）
中书省
行政
改称政事堂
面取进止
枢密院
军事
两府
三司
相互掣肘
制置三司条例司
财政
户部司
盐铁司
度支司
经济出纳
御史台
负责监察、弹劾工作
诤议政府、监察政府
察院
殿院
台院
谏官
以言为职，官阶位低，权柄小
负责对皇帝的讽谏和监督
台官
对国家的法律、制度提出改革建议
负责对百官的监督和弹劾
考课院
后改称审官院
人事
东院
文选
西院
武选
三班院
铨衡内廷供奉及殿直官
尚书省
门下省
移至皇宫外，不再预闻政府最高命令
六部
人事及任用权
吏部
吏部司
司封司
司勋司
考功司
民政户口
户部
户部司
度支司
金部司
仓部司
宗教教育
礼部
礼部司
祀部司
主客司
膳部司
军事
兵部
兵部司
职方司
驾部司
库部司
司法
刑部
刑部司
都官司
比部司
司门司
建设
工部
工部司
屯田司
中央
路
原为十五路，后改为二十多路
财政收入全部归中央
监司官
帅　安抚使，掌路兵工民事，领军旅禁令、赏罚肃清
漕　转运使，掌财赋，领登耗上供、经费储积
宪　提刑按察使，掌司法，领狱讼曲直、囚徒详复
仓　提举常平使，掌救恤，领常平义仓、水利敛散
中央派员，暂管地方差事
府（州军监）
知府、知州
地方行政长官
相互牵制
通判
知州的副职
协助知州处理各种问题
监督，可以直接向皇帝报告地方上的情况
县
知县
地方行政长官
入仕
进士
第一名：状元
第二名：榜眼
第三名：探花
贡士
第一名：会元
举人
第一名：解元
士子
知县对本地士子的资格进行审查，不再讲门第阀阅；开始实行糊名和誊录制度
考试内容：经义、策论和诗赋
皇帝主持
地点：京城
殿试
时间：三年一次，省试当年举行
尚书省礼部主持
地点：京城
省试
时间：三年一次，解试次年正/二月
考试合格
地点：州府
解试
时间：三年一次
王安石变法
废除明经科
整顿太学
唯才是举
考试制度
经济制度
官营经济　茶盐专卖制度和矿山开采及制造业
民营经济　民营经济主要涵盖农业、手工业和商业
商税制度　宋朝建立了商税制度，对民间商人经营贩运的货物进行商税征收，形成了一套商税征收管理制度
货币制度　纸币“交子”诞生。“交子”是我国也是世界上最早的纸币
海外贸易　政府设立了市舶司等机构来管理海外贸易，并与多个国家和地区进行贸易往来
赋税制度　沿用唐朝两税制
差役法
募役法免役法
青苗法
市易法
均输法
方田均税法
农田水利法
王安石变法
兵役制度
禁军　驻中央守卫，宋朝军队的主力
厢军　驻各地方城厢
乡兵
按机关抽调的壮丁
蕃兵
防守在边境的非汉民族军队
王安石变法
保甲法
将兵法
裁兵法
保马法
军器监法

明

明初一段时间内曾沿袭元代行省制度，洪武九年（1376年）改行省为承宣布政使司，行省取消后，因辖区未变，故习惯上仍然称省。自宣德三年（1428年）后，全国分为两京十三布政使司，即京师、南京、山西、山东、河南、陕西、四川、江西、湖广（今湖南、湖北）、浙江、福建、广东（含今海南省）、广西、贵州、云南，以上合称15省，为明朝常制。

明朝各项制度

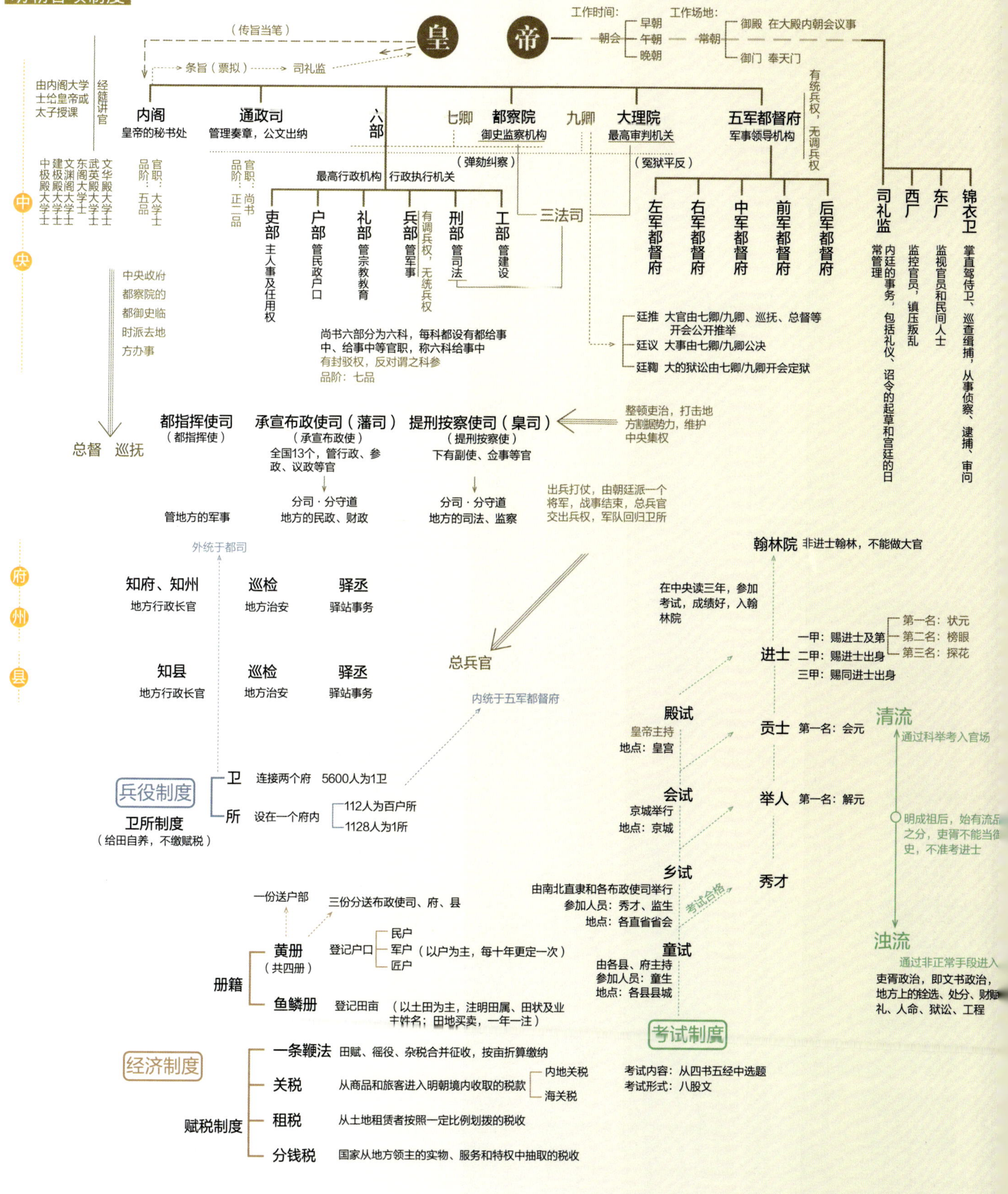

辽、北宋时期全图（1111年）

- 青苗法
- 免（募）役法
- 农田水利法
- 方田均税法
- 市易法
- 均输法

- 保甲法
- 保马法
- 将兵法
- 裁兵法
- 设置军器监

- 改革科举，废除明经科
- 整顿太学
- 唯才是举

宋代帝王世系

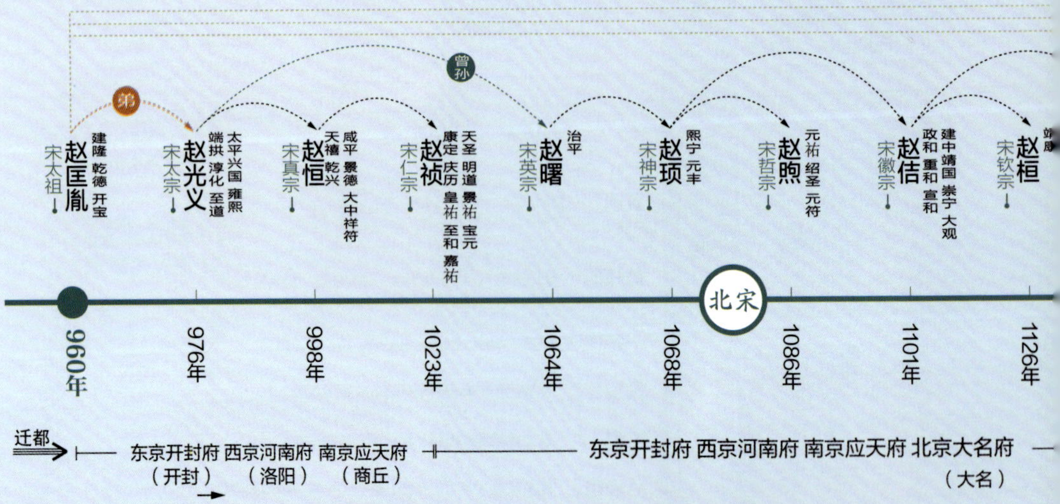

宋

宋朝汲取了唐朝藩镇割据的教训，将一级行政区划改为路。路是直辖于中央并高于府、州、军、监一级的监察区；府、州、军、监同为州级，但性质和地位不同。北宋时，路的设置很不稳定，省并频繁。天禧四年（1020年）为18路，元丰八年（1085年）定为23路，这是宋代颇具代表性的路制。南宋在路制方面并无创新之举，基本沿用北宋。

玄宗在边境所设的十个节度使

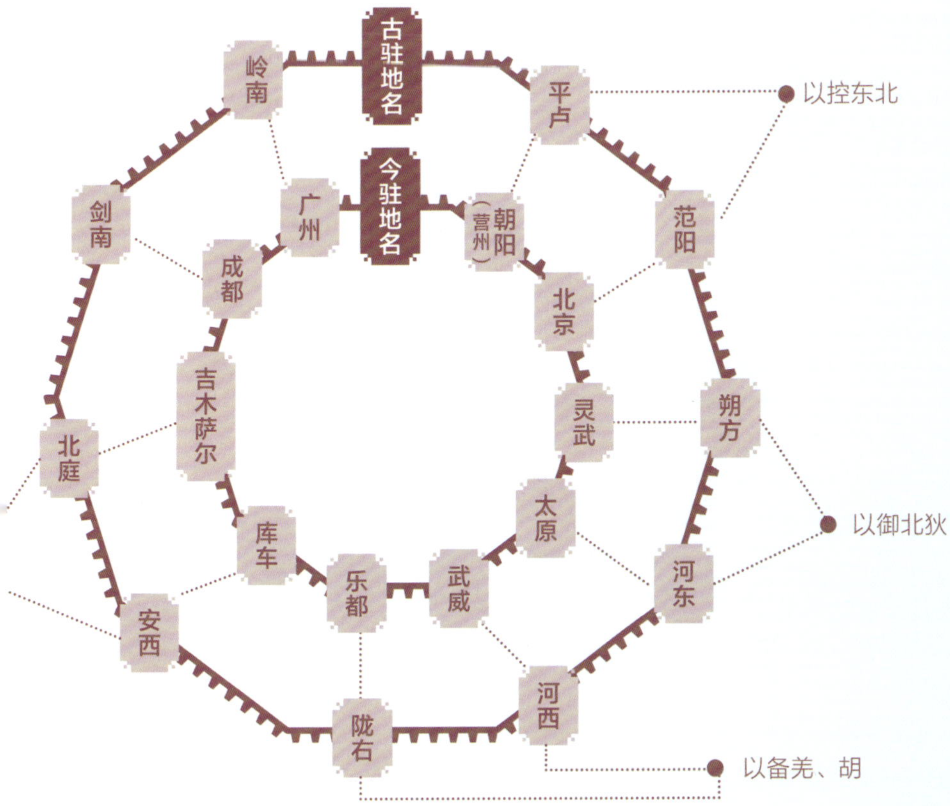

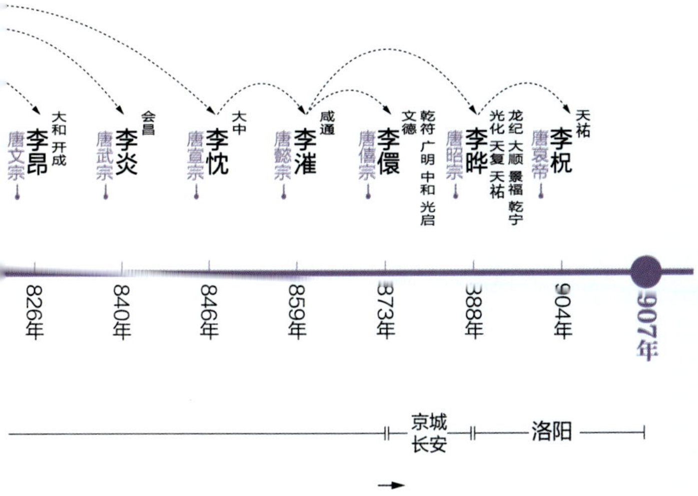

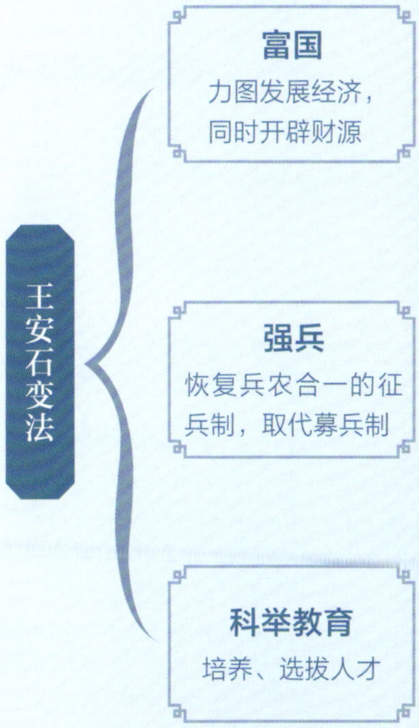

明时期全图（1433年）

明代帝王世系

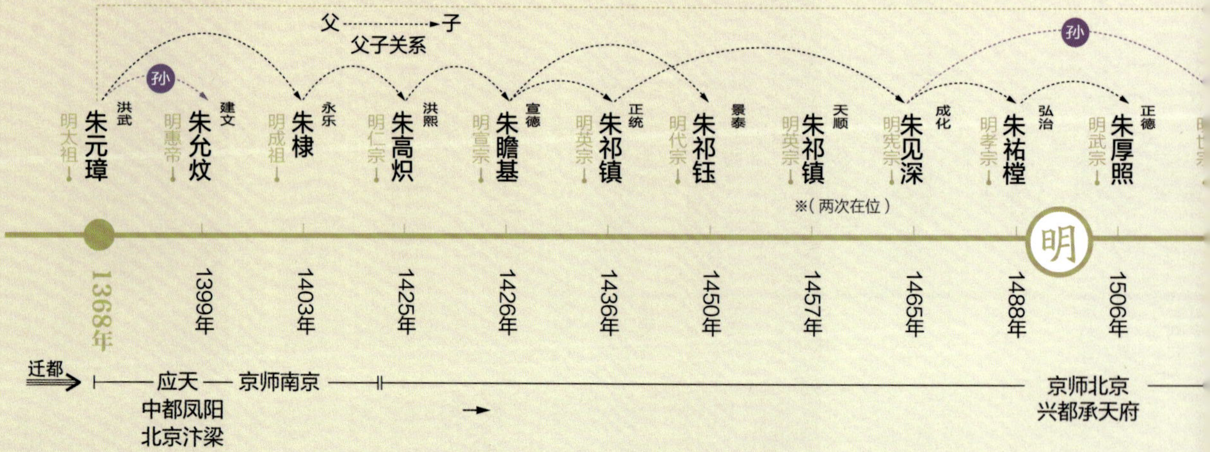

张居正改革

1 考成法

新法改变以往主要靠吏部考评官员的办法，规定六部和都察院将所属官员的应办事情定立期限，分别登记在三本账簿上，由部院按照账簿登记，逐月检查，形成一套比较完善的官员考评机制。“考成法”通过内阁控制六科，以六科控制六部，最终使内阁形成改革中枢，自上而下控制了从朝廷到地方的各级行政机构，为之后的改革扫清了障碍

2 一条鞭法

将赋和役分别归并，再将扰民最重的役逐步并入赋内；原十年一轮的里甲改为每年编派一次；赋役普遍折银缴纳；征收起解从百姓自理改为官府办理；赋役外的“土贡”、杂税也加以合并，合并后的赋役杂项均向田亩征收。主要特点是役并入赋，不仅统一了标准，简化了税制，同时也使地方官员难以作弊，从而增加国家财政收入

3 清丈田亩

改革之前，豪民有田无粮，穷民摊派受病，朝廷控制的田亩、人丁日益短缩，财源枯竭。张居正对天下田亩进行通行丈量，计全国田数700多万顷，虽较明初少100多万顷，但比七八十年前的上次清查要多出近300万顷，其中相当一部分是豪强地主隐瞒的土地。清丈结果：官府人口税收急速扩大，赋役不均状况也得以有效改变

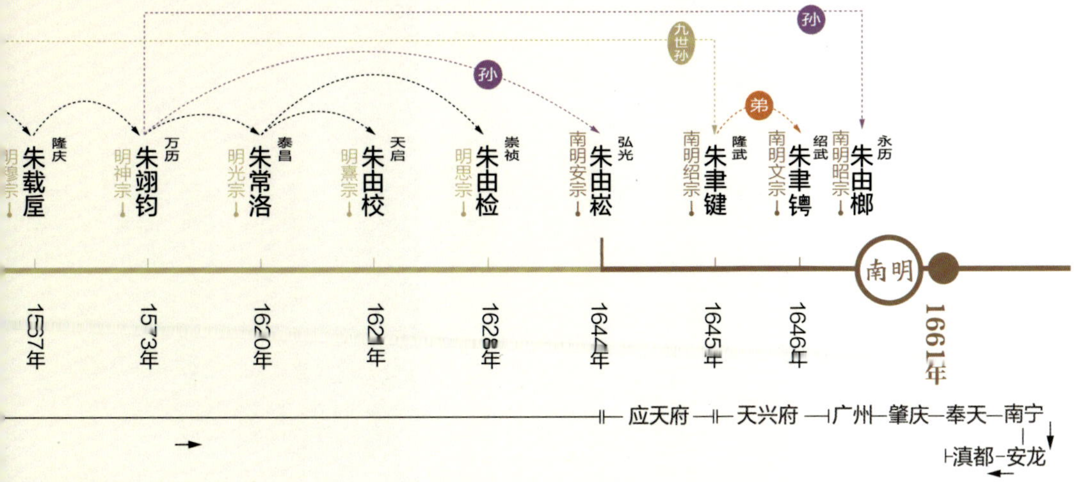

唐时期全图（669年）

唐代帝王世系

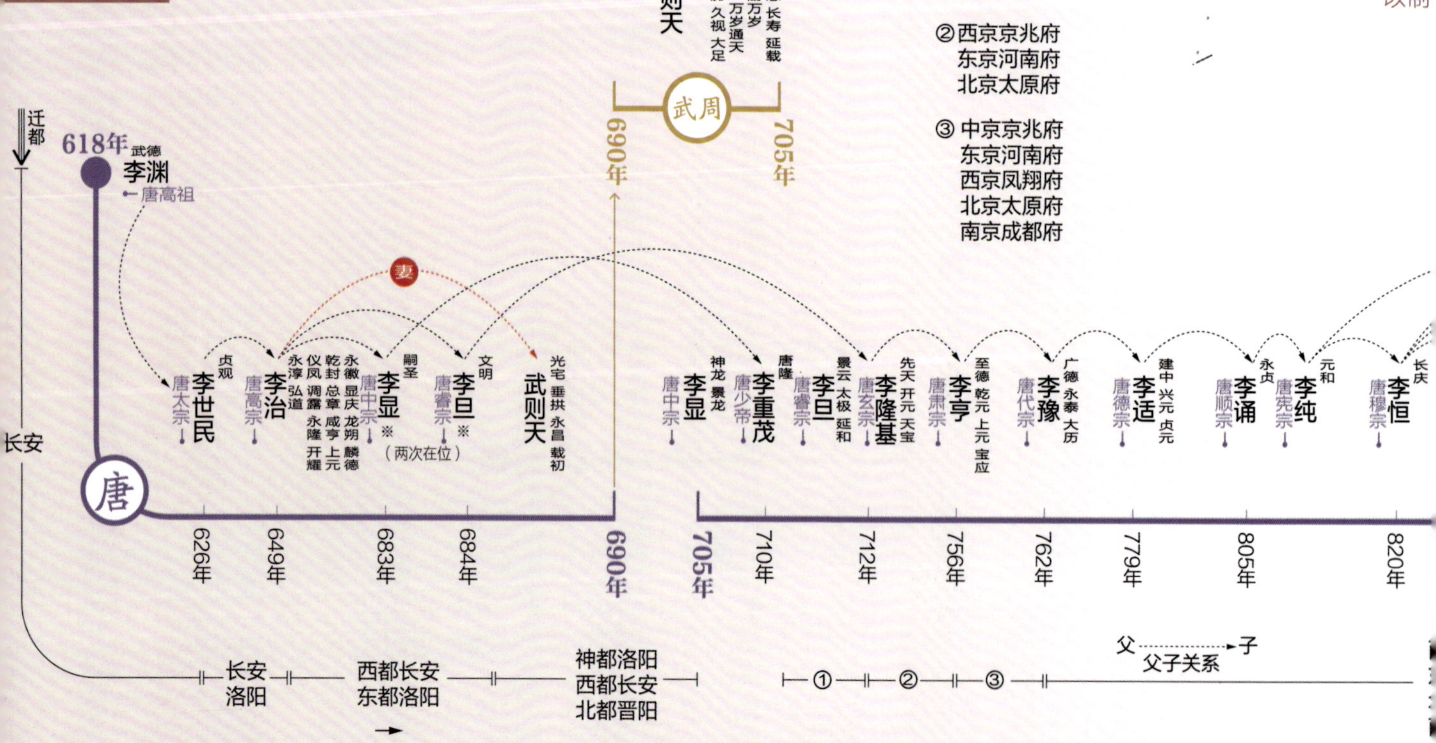

唐

唐代正式提出『山川形变』的原则，其州界与山川走向基本一致，对后世影响颇大。贞观元年（627年），唐太宗李世民分天下为10道：关内道、河南道、河东道、河北道、山南道、陇右道、淮南道、江南道、剑南道和岭南道。贞观十四年（640年），全国设360州（府），共辖1557县。开元二十一年（733年），又分天下为15道，即将山南道、江南道各分为东、西道，又增设了京畿道、都畿道和黔中道。

朝各项制度

中央

皇帝

三省（画敕字）

- **中书省**：中书令；"定旨出命"，拟敕发令
  - （选定一稿，补充修润，称熟拟）
  - 中书侍郎：副长官
  - （各自拟撰）
  - 中书舍人：员额：7~8人；官位不高，却有拟撰诏敕之权
- **政事堂**：二人以上，一人执笔；执笔一人轮值10天或一人轮值1天
- **门下省**：侍中；核令，涂归（复核）（封驳、封还、驳还）
  - 侍郎：副长官
  - 给事中：员额：若干；官位不高，对诏书有参与意见
- 加盖中书门下之印（执行）
- "不经凤阁鸾台，何得为敕"（武则天改中书省称凤阁，门下省称鸾台）
- **尚书省**：尚书令；执行命令
  - 太宗即位前曾任此职，后尚书令常虚悬其缺

六部

- **吏部**：人事及任用权——吏部司、司封司、司勋司、考功司
- **礼部**：宗教教育——礼部司、祠部司、主客司、膳部司
- **户部**：民政户口——户部司、度支司、金部司、仓部司
- **兵部**：军事——兵部司、职方司、驾部司、库部司
- **刑部**：司法——刑部司、都官司、比部司、司门司
- **工部**：建设——工部司、屯田司、虞部司、水部司

尚书左仆射（吏、礼、户） 尚书右仆射（兵、刑、工）

一台

- **御史台**（监察）
  - 左御史：监察朝廷中央政府（六部）→分察；唐德宗时，尚书六部每两部各设御史监察一名
  - 右御史：监察州县地方政府，全国分十道→分巡
    - 监察使→巡察使/按察使→观察使

道

唐初为监察区，后演变为行政区

全国分为10道，后来增……

州

贞观十三年（639年）……

上州	十万户以上	（三品）
中州	十万户以下两万户以上	（四品）
下州	两万户以下	（五品）

刺史：地方行政首长

五品以上尚书令决定，吏部可提名；五品以下吏部依法任命

州县长官无权任用部属，部属全由吏部依法分发

县

开元年间，……

上县	六千户以上
中县	六千户以下三千户以上
下县	三千户以下

县令：地方行政长官

藩镇

边境或重要地区设置……

节度使或都防御使：统领军队，管理地方行政、事务，唐朝后期，节度使的权力逐渐扩大，甚至可以干预地方政治和司法事务

考试制度

- 生徒：中央官学的学生、地方官学的学生
- 乡贡：怀牒自列；各人到地方政府报名参加中央考试，报名者身家清白且不得为商人或工人
- 考试合格

科目	考察内容
秀才科	考察国家大政方针；考试极难，报考人数少，唐高宗废止
进士科	考察帖经、杂文、策问；主要考试科目
明经科	考儒、道经义；主要考试科目
明法科	考察法律知识
明字科	考察文字理论和书法水平
明算科	考察数学和天文学知识

- 做官资格（考才学）→考干练：仪表和口试、行政公文→吏部（尚书左仆射）
- 武官立功，获封勋阶；勋官有爵号，无实职

兵役制度

全兵皆农制（府兵制）

折冲府：折冲都尉，主平时训练

- 上府：1200人，有时1500~
- 中府：1000人
- 下府：800人

军队驻地称府，全国有600~800个，唐代有名称和位置可考的有627个

每个府兵必须到中央首都宿卫一年

中央直辖有十六个卫，每个卫都设有大将军

上等中等人家中年满二十者自愿参加，无租调，豁免田赋

经济制度

- **账籍制度**
  - 户口册：一本送州；一本存县；保存五比；一本呈户部，保存三比
  - 壮丁册为账，户口册为籍；每岁一造账，三岁一造籍；壮丁册子一年重造一次，户籍册子三年重造一次，一次称一比
- **田赋制度**（依据户口有异动，田亩有还授；丁年十八授田，六十为老还官）

租	授田缴纳租额，四十税一/粟20万	粟米之征
庸	义务劳役，每人每年20天	力役之征
调	土产贡输（丝织物、麻织物）	布帛之征

- **两税制度**：唐德宗建中元年，杨炎创设；夏秋两次收税；户无主客，以见居为薄；人无丁中，以贫富为差；不收米谷，而改收货币

清

清代行政区划基本上因袭明代，但对部分行政区划作了较大调整，尤其在康熙年间的分省之举。乾隆朝中叶以后，全国确定为直隶、四川、甘肃、江苏、安徽、山东、山西、河南、陕西、福建、浙江、江西、湖北、湖南、广东、广西、云南、贵州18省。除了18省之外，还有五将军辖区、二办事大臣辖区及内蒙古盟旗。至光绪年间，方有增减。

清时期全图（1820 年）

清朝各项制度

皇帝

- 寄信上谕，盖“办理军机处”印
- 拟给皇帝（紧要之事）
- 六部尚书、侍郎均有单独上奏权
- 明发上谕
- 拟稿（非紧要之事）巡幸，上陵，经筵，救荒，大官升降，晓谕中外诸事

军机处 军事领导机构（南书房）

六部 行政执行机关

- 吏部 铨叙小官 人事及任用权
- 户部 民政户口
- 礼部 宗教教育
- 兵部 军事
- 刑部 司法
- 工部 建设

各部人员构成：一个汉族尚书，两个汉族侍郎
一个满洲尚书，两个满洲侍郎

内阁 例行事务机构

三殿三阁：武英殿大学士、文华殿大学士、保和殿大学士、东阁大学士、体仁阁大学士、文渊阁大学士

翰林院 编修、检讨等官

理藩院 外藩事务

中央派遣　直接寄给受命人　皇帝任命

中　央

省

总督 一般正二品，也有从一品、正一品等
行政军事
（一般管理相邻的多省）

巡抚 从二品
通常加兵部侍郎衔，为正二品
民政
（管理整个行政区域的最高长官）

- 都指挥使司　军事
- 承宣布政使司（藩台）　行政、田赋、户籍
- 提刑按察使司（臬台）　司法和监察

参赞大臣
置于新疆伊犁、塔尔巴哈台、乌什等地。地位略低于将军，皆由皇帝特旨简派。掌参赞军务，综理政事。又战时亦往往临时置参赞大臣，辅佐统帅，助理军务，分统军队

皇帝任命

经略大臣
有重要军事行动时置经略，职位高于总督。清中叶后不置

道

道、府、县三级官员的任命名义上由皇帝直接任命，但实际上主要取决于吏部和督抚的提名

道员 行政事务

府　直隶州

知府 行政事务

县　散州

知县 行政事务

兵役制度

- 前期：世袭兵役制
  - 八旗 满洲人：满洲八旗、蒙古八旗、汉军八旗
  - 绿营 汉人，将领是满洲人或汉人
- 后期：征兵制

科考制度

科举制度

- 进士
  - 一甲：赐进士及第（第一名：状元；第二名：榜眼；第三名：探花）
  - 二甲：赐进士出身
  - 三甲：赐同进士出身
- 殿试 皇帝主持
- 贡士 第一名：会元
- （春天举行）会试
- 举人 第一名：解元
- （秋天举行）乡试
- 秀才：廪生、增生、附生（考试合格）
- 儒生
- 恩科：特定情况下举行的额外考试
- 特科：为某些特定人或特定目的而设立的考试
- 童试
  - 院试 每三年举行两次
  - 府试 四月举行
  - 县试 二月举行

清末清廷废除科举

教育制度

- 府学县学设明伦堂
- 洋务运动时清廷设立新式学堂，创办京师同文馆
- 戊戌变法时设立京师大学堂，这是中国近代史上第一所综合性大学，既是全国最高学府，又是国家最高教育行政机关，统辖各省学堂

经济制度

经济

- **农业** 开垦荒地、移民边区及推广新作物
- **手工业** 纺织业和瓷器业发达
- **商业** 分成十大商帮
- **货币** 光绪元宝（银元）的铸造标志着中国货币历史上的重大改革。“元”成为新的货币单位

赋税制度

- 前期
  - **沿袭明制**
  - **摊丁入亩** 丁银并入田赋征收，标志着中国实行了2000多年的人头税被废除
- 后期
  - **火耗归公** 由中央统一耗损比例来征收赋税
  - **废除力役** 以银两代役，使农民获得了更大的自由和人身权利

- 康熙年间，清廷宣布“盛世滋丁，永不加赋”，但人口仍五年一编审，只是丁赋不再增加
- 实行闭关锁国政策，仅保留粤海关一口进行海外贸易

清代帝王世系

庙号	帝王	年号	年份
清太祖	努尔哈赤（爱新觉罗）	天命	1616年
清太宗	皇太极	天聪 崇德	1627年
清世祖	福临	顺治	1644年
清圣祖	玄烨	康熙	1662年
清世宗	胤禛	雍正	1723年
清高宗	弘历	乾隆	1736年
清仁宗	颙琰	嘉庆	1796年
清宣宗	旻宁	道光	1821年

迁都：兴京赫图阿拉 → 东京辽阳 → 盛京 → 京师

夏都承德

东汉时期全图

坚
昆
丁
零
匈
奴
鲜
卑
乌
孙
夫
余
挹
娄
沃
沮
高
句
丽
西域长史府
鄯善西南
疏勒
喀什
葱
岭
西
域
于阗
和田南
鄯善
若羌
东
汉
酒泉郡
武威郡
五原郡
黄
河
河
水
洛
阳
河南尹
洛阳东
京兆尹
栎阳
长安
汉中郡
许都
南阳郡
蜀郡
成都
江
长
水
江
会稽郡
绍兴
豫章郡
南昌
长沙郡
唐
旄
羌
发
永昌郡
保山东北
南海郡
州
朱崖洲
夷
洲
辽东郡
辽阳
勃
渤海
海
黄海
东
东海
海
南海
（涨海）
南海
都城
郡级驻所
其他居民点
东汉时期中国各族活动范围
政权部族界
未定
今国界
成都
今地名
不同时期都城（陪都）

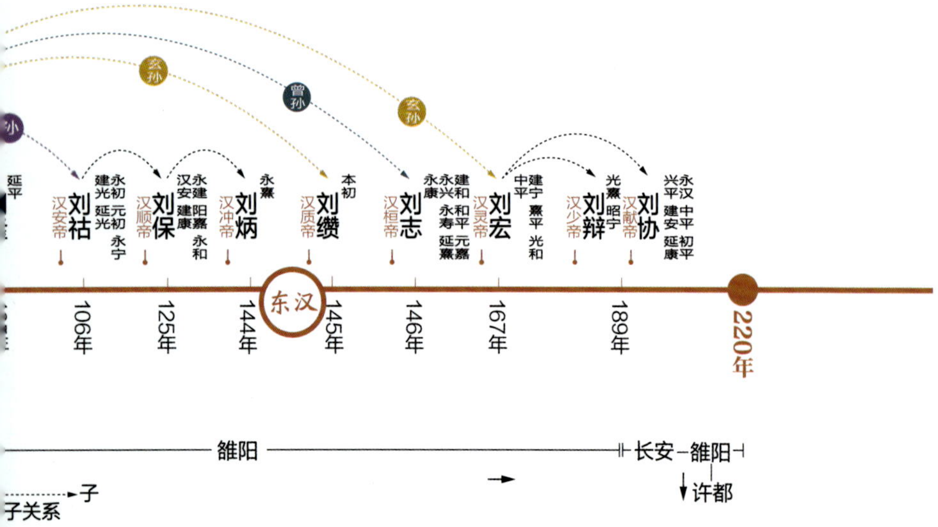
玄孙
曾孙
玄孙
延平
刘祜
汉安帝
建光
永初
延光
元初
永宁
刘保
汉顺帝
永建
汉安
阳嘉
建康
永和
刘炳
汉冲帝
永嘉
刘缵
汉质帝
本初
刘志
汉桓帝
永康
永兴
建和
永寿
和平
延熹
元嘉
刘宏
汉灵帝
建宁
中平
熹平
光和
刘辩
汉少帝
光熹
昭宁
刘协
汉献帝
兴平
永汉
建安
中平
延康
初平
106年
125年
144年
东汉
145年
146年
167年
189年
220年
雒阳
长安
雒阳
许都
子
子关系

西汉时期全图

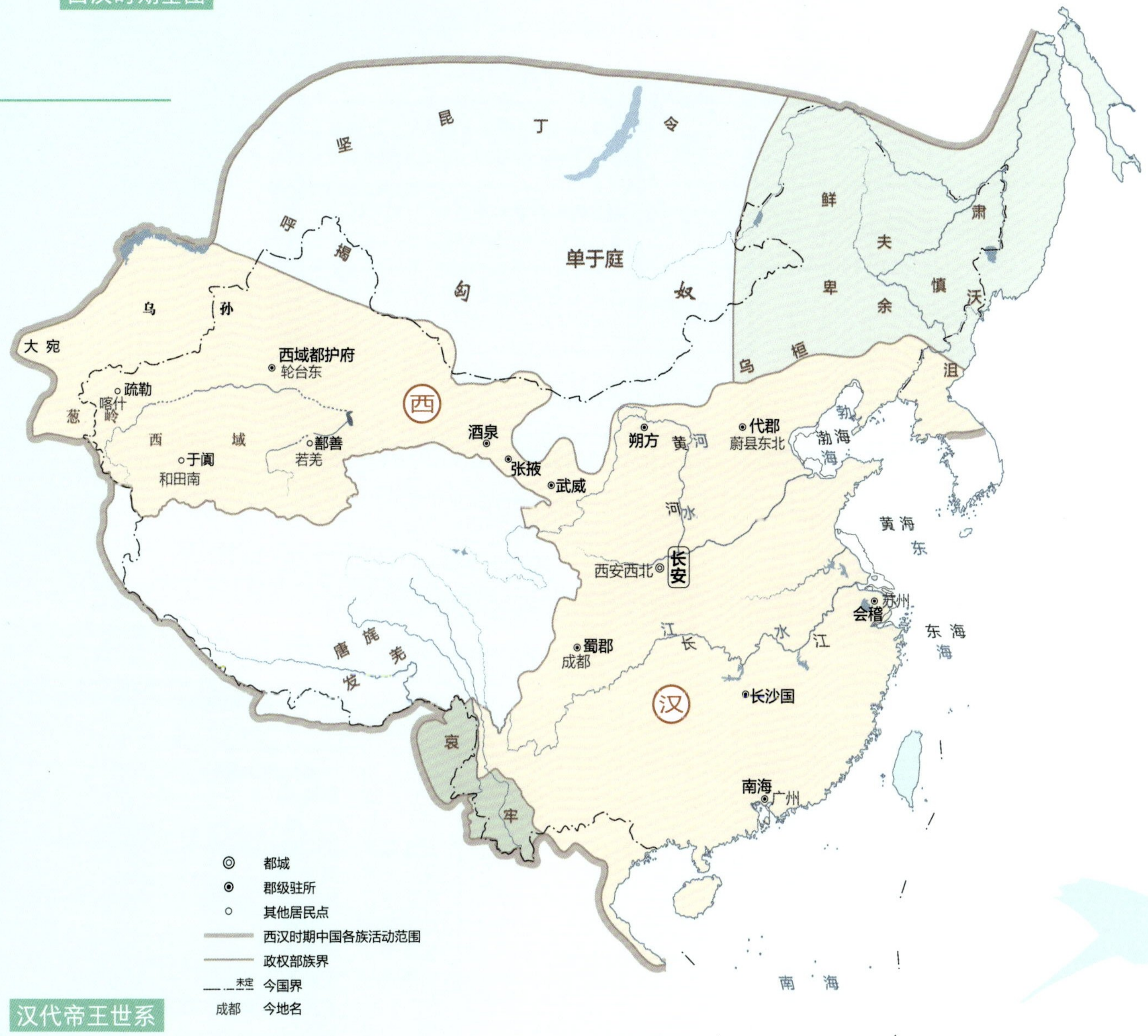

汉代帝王世系

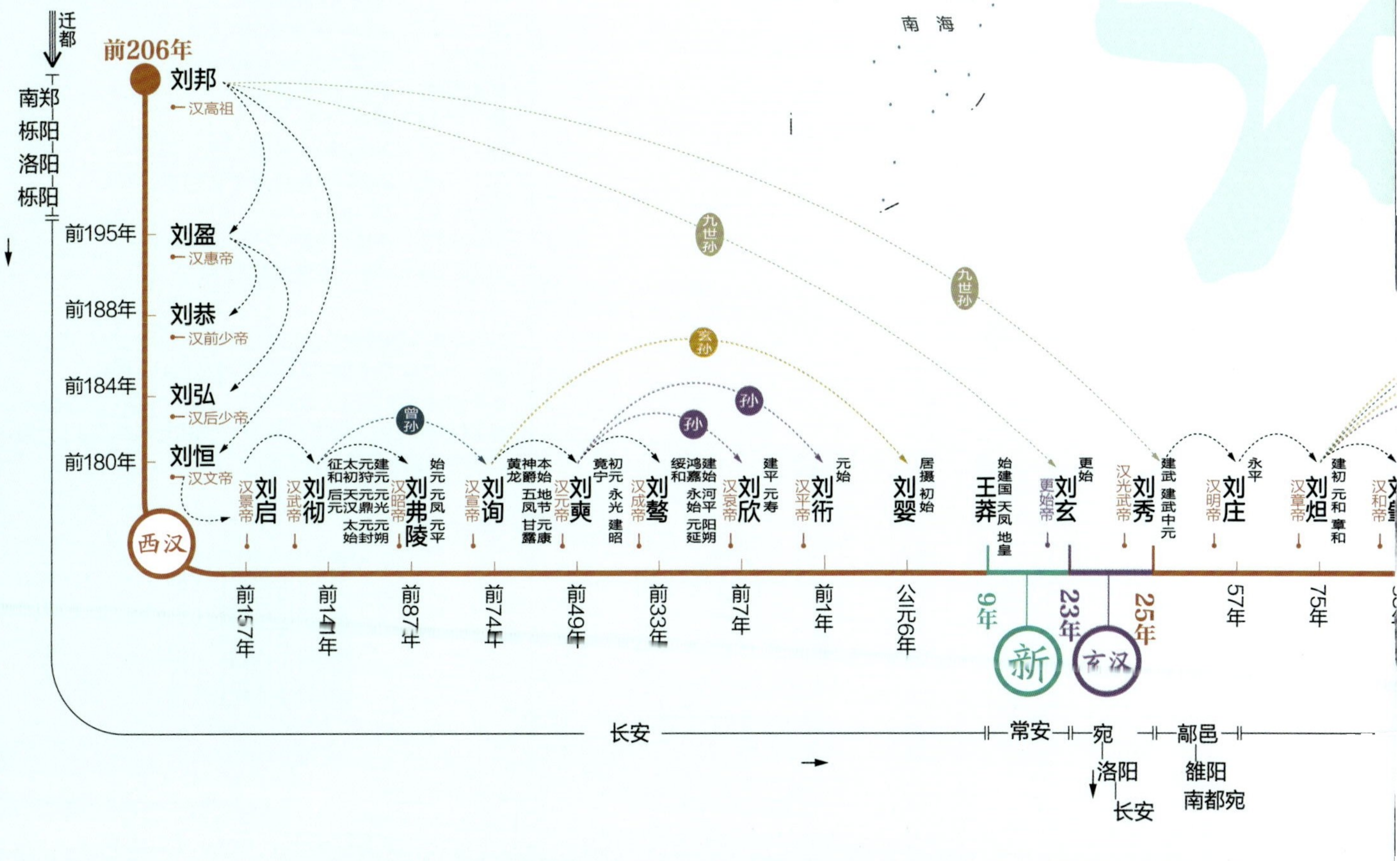

中国古代选官制度

制度	时期	选拔标准	选拔方式	内容
世卿世禄制	西周至战国	血缘	世袭	世卿是父死子继、世代为官；世禄是官员世代享有所封土地及其赋税收入
察举制	汉朝	品行	举荐	由郡国向中央推荐品行良好的人才，经一定考试后，授以官职
九品中正制	魏晋南北朝	门第	品评	按中正所评品级决定官员奖惩，突显了世家大族的垄断地位
科举制	隋至 1905 年	才学	考试	通过分科考试选拔官员，根据考试成绩名次授予功名和官职

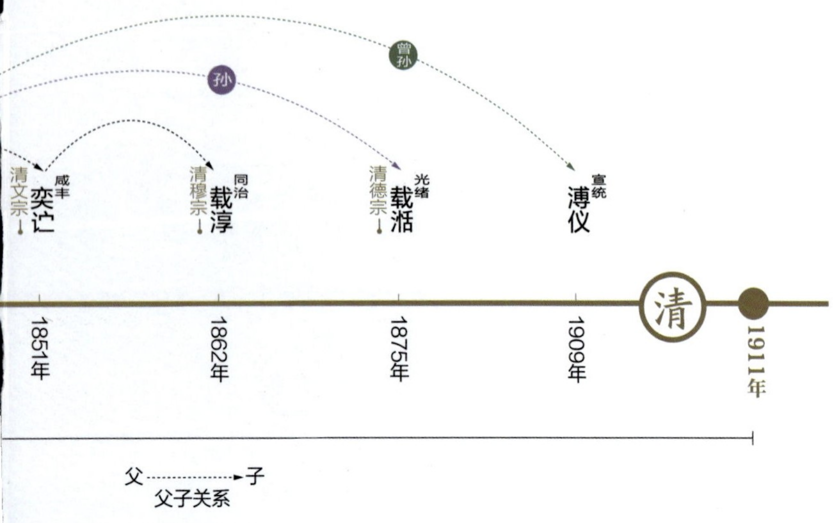

ZHONGGUO GUDAI ZHIDU YILANBIAO
中国古代制度一览表

编　　著　中国地图出版社
主　　编　唐建军
策　　划　王　毅
责任编辑　王　毅
复　　审　周秀芳
出版审订　陈　宇
地图编辑　姚维娜
装帧设计　风尚境界
出版发行　中国地图出版社
社　　址　北京市西城区白纸坊西街 3 号
邮　　编　100054
电　　话　010-83543929
网　　址　www.sinomaps.com
印刷装订　河北环京美印刷有限公司
成品规格　210mm × 297mm
经　　销　新华书店
版　　次　2024 年 6 月第 1 版
印　　次　2024 年 6 月第 1 次印刷
定　　价　88.00 元
书　　号　ISBN 978-7-5204-4088-2
审 图 号　GS（2024）1833 号

本图中国今国界线系按照中国地图出版社 1989 年出版的 1：400 万《中华人民共和国地形图》绘制
本表依据《中国历代政治得失》《简明中国历代职官辞典》《辞海：第六版缩印本》《中国古都城地图》《地图上的中华史》等书编绘而成

ISBN 978-7-5204-4088-2
定价：88.00元